Ferenc Zoltan Vasi

Holdhídon

Ferenc Zoltan Vasi

Holdhídon

Keresztény versek

Blessed Hope Publishing

Impressum / Impresszum
Bibliografische Information der Deutschen Nationalbibliothek: Die Deutsche Nationalbibliothek verzeichnet diese Publikation in der Deutschen Nationalbibliografie; detaillierte bibliografische Daten sind im Internet über http://dnb.d-nb.de abrufbar.

Ezen bibliográfiai információ megjelent a Deutsche Nationalbibliothek oldalán. A Deutsche Nationalbibliothek listázza ezen publikációt a Deutsche Nationalbibliografie-ban; részletes bibliógráfiai adat elérhető az Interneten a következő oldalon: http://dnb.d-nb.de.

Coverbild / Borító kép: www.ingimage.com

Verlag / Kiadó:
Blessed Hope Publishing ist ein Imprint der
OmniScriptum GmbH & Co. KG
A Blessed Hope Publishing
az OmniScriptum GmbH & Co. KG bejegyzett védjegye
Bahnhofstraße 28, 66111 Saarbrücken, Deutschland / Németország
Email: info@omniscriptum.com

Herstellung: siehe letzte Seite /
Nyomtatva: lásd utolsó oldal
ISBN: 978-3-639-50983-0

VASI FERENC ZOLTÁN

HOLDHÍDON

(keresztény versek)

Tartalomjegyzék

HOLDHÍDON

Mária éjpalástja a tó

József keresztje a hold

tegnapra rátolat a csillagmozdony

a völgyhídon szétszórt zsákból

csattogó szárnyú álmok

sirálya hajón landol

A párolgó víz függönyén

foszforeszkál a golgota

s magukba bújnak a lelkek

MÁRIA

Szép neved halk ima.
S bár rám zárhatják vak
szívem kolostorát –
ablakán fény tör át…

GYERMEK

A nő dönt:
megfogan.
Mákszemből
nevelek
új világrendeket.

JÓZSEF ÁLMA MÁRIÁVAL

Szomorú Isten a hegyen,

belátná régen a lehetetlent, -

s most egy barlang-mély koponya

a teremtés hibáit szóba hozza:

„Zsellértenyér ég zöld völgyed fölött;

ujjaid között szivárvány szökött.

Gyengécske Ige a: Légy!

(fele-lőnség a: hogyan?)

- üvegkalitkában pókezüst-lét."

Gyászkendő omlott a Nap tavára,

mederbe fulladt Angyal ruhája

védi a kéklő csólnakot

- csecsemőhangon felsírok.

Boldog Isten a tejtükörben;

pászkát tör szemlehunyva ---

Kereszt! – (a vágya dunyha).

Elevenits Szóban-forgónak! –

(almot és álmot sosem hittem,

mégis egy pajtában megébredtem.)

Igyon a vérből az embergyarlóság:

- Ó, semmit tudó valóság!

A már és a még előtt/után

újabb pokol, Menyegző-Ország!

(A Madonna-arcon verejtékgyöngy ragyog)

PÁSZTOR

Felhőkre függesztett kertek
gyümölcs-szájukkal a nyárról
énekelnek

Álmot űző viharfelleg
szélbe széledt út porával
feleselget

Sűrű fátyol porból termett
hajtsd az álmot hajtsd a kertet
Ébrenlétnek

Fagyba dermedt éjt terelgess
bárányokkal napvilágra
Világ-Lélek

ANGYALSÓLYOM EMBER

Altdorfer Csabának

Ne félj, ha –

sebeidet daimon-hegedű szaggatja.

Egy angyal strázsál a hegyen,

s ahogy elrugaszkodik majd,

csillagrajokként szórja szerte

a zsebébe gyűjtött lelkeket.

A sólyom fokonként hódítja magához
kék-arany szellemi szirtjeink,
s ahogy fölé emelkedik városodnak
a füstfalakat összeemészti.

Állok magam is a sziklán.
Zuhantomba gyökerek nyúlnak értem;
- a hétköznapok hajszálrésein
átszivárog utódainkba őseink

földezüst vére…
(Hallod már az angyali dallamot,
melyben lábaikat megmosod?)

DICSÉRTESSÉK

Smaragd-jóság

Szentek homlokában a pillanat

A révész markában a hit

hajnalonta ide-oda

Folyóban halak

arioni partok és hálók

Felmerül a Nap

Rügyek csúcsain

zeng zengedez

trilláz elrugaszkodóban

láztorkú vörösbegy

Csönd van csönd

van-ság van

nincs Nincs

Színek fény sziluettek

Kilincshez nem-ajtó

Gyémánt

hamupalota

jajszó hallik

ordít orkán

imát mormog a pap

(vacsoránk mára marad)

Így volni ember

az ablakot

Isten ujja

begyeli

rácsomózza a

borostyánt a

Félelem házfalára

gyermek terem a jázminvirágban

mostoha Éden

tej-szirmú kert hullámzik

igen igen igen

önmagától mélybe

mélyből magasba

horgok partok folyócsend

csillagok

NEM?/IGEN?

ÁMEN!

Holtak ereje – gyermeki Tisztaság,

legyetek velem ma a Szent Ostyában!

RÉSNYIT

Az Atya hatalmát a Fiún meglátni.

Rosszkor fogant énekekkel élem át itt,

viskóm ajtaja hogy' csikordul – őrt állít/-

ott sebzett képzelet. Balta mérte fáit.

HITTEL-HITETLENÜL

Ítéld meg magad –

bűnös vagy, vagy áldozat?

46 évedben hány év öntudat,

hány tevékenység s renyheség?

S mert gyónni nem akarsz –

Isten népét teszed meg

állásfoglalásnak ítélőbírádul –!

Egyediséged egyéniség-e,

hogy magad példaként felmutasd?

A mindenhatóság utadat
nem teszi kiegyenesítetté,
álhitekbe kapaszkodtál
s ez maradt rád: a fölöslegesség!
Isten éli istenségét,
a pártütés feje a néptömegbe múl',
árnyékból fénylényed. Hogy előállj
vele, hát, szóval: ez a hétcsuda!
Nem követendő, de lekövethető ---
nem múlhatatlan, de rombolékony ---!
Amikor dívik az össznemzeti gyónás,
szekta helyett egy verssel magam is
azt vívom, az elragadtatás helyett
a kemény lelki tusát,
a dinasztikus és generatív elrendelés
neuraszténiás önérzet-sokkját.

Hamis remény a gyógyulás,
inkább szintfelmérés, valamelyes tartás.
Minimum-befektetés az álom,
annak kibontása: a tudhatás próbaköve
--- gurul, gördül, megáll,
papírlapra fonetikus látás –
formává ki kerekíti?
Befeketít. Kifehérít.
- Jézus, Szent Mária!
Félbehagyom a verset,
szél emelje a Nap felé –
s záporozzék fénybot-ütlege:
Rám --- sirám!

TE LÉGY ÉN!

Áldás légy vétkes életemre,

arcod elé fordultomban

Te légy mosolyaim forrása.

Forrás felé haladtomban

eleven hitem rózsasuhogása.

Sebekben vagyok, szólni sem tudok.

Légy Te a gyógymezőm,

kamillaillat-valóm,

arany-hérics takaróm álma.

-ig /AZ

APA/:

A magunk mögött hagyott házban

renddé növekedik a homály

terebélyes világ világa

csöpp

ám megszólított végtelen

ki ébredni kénytelen

ebben a virágcsicsíjjgatásban ---

FIÚ/:

Álmodban fogantam

s fogadtuk meg együtt

leszünk hősi kiállás

prófétai kiáltás

hogy én is

te is

LÁSS

hogy általunk

emberek által

bennünk sarjadzó álmok: a JÖVŐ

kitárulkozhasson.

Élek Neked, s Tőled elfele,

máshová húz a félelem

más vággyal verettettem karddá,

noha bizonysággal tudom,

leendő kérdéseimre

eddig-addig teljességgel

pontosan válaszolsz.

Így leszünk kincsei

a koponya-ládáknak ---

APA/: S adódunk

külön-külön

a cseregondolatárú

lélekvirágforradalomba.

Vagyok most áldozathozatal

s ne éljenek vissza vele,

csak ne bírjanak visszaélni vele ---

KRISZTUSOD

Takard ki a holdat rongyaiból! –
kenyérmorzsák a csillagok.
Szegényen süt a Fény elébed! –
kabátzsebedben lapul napod.

Hazára ásít éhes szájad,
rajta túl a Tejút ragyog.
Kortyolj belőle, s harapj az éj
húsából: terítéken hajnalok.

Bor táncoltat, fenyít a mámor,
hegy ormához zúzod homlokod.
Lepke-csorda rezg a tisztáson, -
gyertyaláng-őrzőjük lettél

lépted lábtövist tapos…

Hát kutatsz a felleg-pólyában –

s lelsz egy tündökletes arcot!

Napod! Holdad! Hajnalod!

CORPUS

I.

Lógok a semmi felett,

mélye-nincs két meredély

közt.

II.

Karom kitárva

fejem lehanyatlik,

fáj átszúrt oldalam,

lábam összetörve.

III.

Szárnyatlan lebegés!

Csüggök alá

a csend fölött.

IV.

Ormos homlokom

csuromvér ---

V.

Lélekzet lélegzik

homálya.

VI.

Kerge inak kezemen,

tenyérbe jutfutásuk.

Nem menekül senki meg,

ujjak görcse állja

fúló reményük.

VII.

Denevérszárny-szélben

leljük

boldog enyhünket.

VIII.

Denevérszárny-szélben

ugyancsak Te vagy,

lepke-testű,

élő tűzbe

elevenen vetett

lázas lélek.

IX.

Védtelen oldaladon

az a mély seb,

tágterű széle az Égnek,

buzgó igyekvése

a vérből származó

emberi létnek.

X.

Oldaladon

ahogy cseppen,

halkan szurtyog

a kész csend!

XI.

Idegenként

zörömből a Földön.

XII.

Nem lesz

ki éjét

ossza vele.

Nem lesz ki

ágyát ossza

vele, álmát

töltse vele---

XIII.

Küldje a

Csillagoknak.

XIV.

Testét itt

nem fedi dunna,

meztéláb süpped

a hontalan múltba.

XV.

Lába már nem jár

tovább ---

Testét hűlt kő

nehezíti ---

Lelkét

zsákkal teletölti

a felzavart Semmi

varjúkárogása.

KEHELYCSERJE-KORONA

Nagyforgalom volt a vízen,
holtak jártak a felszínen.
Bokáig fagyban – csólnakok.
A szájban tengeríz sóhajok.

Imádat szenteli a Napot.
Itt, e szív Sátántól elrabolt,
s úgy váltja mennybe Júdás-ezüst
az üdvöt, mint kondér körül

leprások sötét serege
csengettyűz öröméj-egen ---

Krisztus feledkezett bele
vak siralmuk nézésébe ---

EGZÁLÁS

Ég alá törpülök
s torokhangon szólok
küszködöm a testtel
reszketek a csenddel
- először elvétem
lélekzetvételem
- utána dalolok
köhögök sivítok
- s fejfa alatt porladón
göröngygyé tapadok
- csontzenére síri szélre
feltámadandok

KEGYELET

Szívem elporlad egy virág alatt,

de ujjaim túlélik.

Létem elmerül a humuszban,

de a fiam feltámaszt újra.

KEGYELET II.

Szívem: szíved!

Porhüvely a túl-lét.

Egy virág: létem!

Elmerül a pohár az éter vizében.

Lelkem: léted –

erősségem.

SZERZETMAGÁNY

Temploma lázcsöndjét

fájdallón felhegyli

Szenteltvíz-csobogás

kristályfény

! zárvány-hit

Viaszos magány-ok

túlcsordul zene ring

Könny-rózsák tenyerén

Álmodók /:

--- angyalszív

GYÁSZIDŐBEN

Múltamból egy göröngyöt cipelgetek.

Elrejtem mélybe, nem búsítlak vele.

Bensőmben formálom, gömbbé kerekítem.

Kihull eléd, meglásd, gyöngynek, igazgyöngynek.

POKOLJÁRÓ

Nekimegy a hegynek, küzdi fölfelé a maga kövét.

Valaki ellopja tőle le Mythe de Sisyphe.

Galambok rajzolnak feje köré glóriát.

Biztassátok, magatok elé mondva, biztassátok, hogy:

Szökőkút! Gyönyörű szökőkút!

Ne keveselljétek, ha elfárad.

A lenyugvó Nap bíborával fog járdátokra

felszabadult világot festeni.

Vigyázzátok őt, az ő reménye bennetek is éltet.

Lassan bírja végigjárni az egyes és többes szám

összes személyét. De végigjárja. Türelem!

Többé nem omlik rá a házfal.

Bontástéglákból katedrálist épít.

Benne ő már hívő lélek…

Bennetek is hív a Lélek!

GYÓNOM BARÁTSÁGBAN

néhai Kantár Csabának, felvidéki költőnek(Szimő)

(1978. XI.02.-2003. 01.19.)

Fogjatok kézen! – vízen állni.

Könnyekkel maszatolt arcom kék,

sárga, - (bíbor?-talanságos).

Értsetek színeimre választ.

Zúgjatok, erdők, hétébredés-gallyat! –

mert a csend, mert a gond, mert

(a néma theoréma) sok ---

kevés. Mindennapos választások

„fekete-fehér" dilemmása,

dicsőítést szólnék (konokon)

a tegnapelőtti tegnap tegnaputánján,

de az éjféli Bor-garat

újra-csak harangzengést arat.

Rajta, még! – rajta!

- fény-tiszta a kezem! –

nyújtsátok parolátok,

- vízen, hiten, Reményen,

holnapelőtt, mégis-még! –

(mezőn felejtett havas búza)

Együtt vagyunk Egyedül.

RÖVIDEBB FOHÁSZ

Világegyetem Ura, Apostoli Mátka -,

Költők nagy Sorsfogoltja, Égből alászálltak

Ízzás-Fehér Rózsalángja –,

Eleven Tűz Imazuhataga és –

Kora-alkonyi Bárka -,

sziklákat Kristályosító s Embert

szikrázó Hatalmas Lény -,

csontot kelesztő Édeni Kalács -,

és Szivárvány Hétfokúság !

- engedj Jót teremnem

- s a Teremtésben

meg nem állni -,

folyvást tenni,tenni,tenni!

Eredményesnek lenni.

RÖPFOHÁSZ

Mindenható Atyaisten! –

a bennem helyreálló

rend és harmónia

szeretet-hullámozzon végig

az egész Világegyetemen

MIANYÁNK

Ébredtél? Álmodtál?

Kitárult az ajtó,

a Lét-kapuk felé

végigcsoszogtál

a hűvös verandán,

aztán eltűntél

a késő-délelőttben.

Hol vagy?

Hol keresselek?

Mért vetkezed le

csontjaidról

árva szeretetem?

Milyen virágot

tűzzek gomblyukadba,

hisz az sem mindegy

sírodhoz mikorra vársz.

Koponyarejteken –

bujdoklok feleletlen

versben: Hiányom vagy!

--- a gyász.

E megbecstelenült

házban ---:

Egyedül vagyok! – egyedül:

Kietlen Miatyánkban.

ANYÁM KEGYKÉPE ELŐTT

Holdat cipelő Édesanyám

sírrá nehezült emlék-virágom

fátyolos lepel vagy az Ország-testen

úttalan múlt

örömzöld helyetti moha-erdőn

Ostorozott kolostori szentély

ahol a dormitoriumig szétdúltak

az álmok

ahol nincs egyetlen épkézláb gondolat

csak az elveszett érzemények

A bársony-sűrű sötétben a szentképek

utánad delejeznek szent zengzeményeket

Égcsöndben fúlok szüntelen

Nem értem az Istent

Nem fogadom el halálod

Nem ismerem el teremtéstörténetem

Elmetsztve szememben az ág

Nincs égboltozat

Nincsen világ

Hóra havat nyelek - úgy senyvedek

Dobogtass vigaszt Jóanyám

onnan a mélytelen mélyből

Zubogtass rám űrszéli vihart

villámok szaggassák arcomat

Hisz Utánad készülök én is

halálostól-életestől

reményesülve az eggyé-porladásra

LÁGER-ANGYAL

A poklot megjártak emlényéül

Angyalként vérezél

a szögesdrótokon,

s alábukdácsoltál

szellemgrádicsokon.

Kínzatott lényed lett

a lelkiismeret:

köpdöstek, ordíttak,

vertek – majd nyüszítve

öledbe enyésztek

teleholt alakok –

vakálmuk Rád lelten

mindegyik ott-hagyott.

Kevéske kis remény! –

erős a Napsugár,

szerelem hitében

csalóka héthatár.

Te vagy hát ölelni

leprást és pestisest,

- frigy-gyarapítandón

az emberiséget.

ÉRINTÉS

Ha a teremtett csend

a megszólítottságban

feldobog

az ösztön-park árnyék-fái

megremegnek

törzsükhöz ér a hold

FOGANTATÁS

A tengerből kipárlod az álmot,
beléízesül csontodba a Nap,
romlott városokra szabadítja
vérebeit az ajzó pitymallat, -
s a titok fényre fakad.
Vakít a csöndben a kard,
dülöngél egy koldus feléje,
felhő-tépett rongyaira
csatorna-lé szakadt az éjjel, -
ha búzakalásztól hőköl a penge.
Virág-hatalmát félti szerelmed,
tízmillió fa méh-forradalma –
ágaskodik a lángért két gyermek:
Vadócalkony – és Törpehajnal.

Köszörüli a sziklát
tömeges örömkiáltás
és belesóhajt az erek hálójába
a szúnyogos mocsár.
Elönti a melled verejtékem –
tejtől illatozz;
ahogy leöblítik a sírást
teleholdunk szemhéjáról
az alvó-Isten vízhabok…

A CSÓKOK SZOMJÁRÓL

Ajkaidról fakasszad
az éneklés forrását;
újítsd velem gyökerét a Fának
s röppents rügyeket ágaira.
Óhajtás tart fenn –

(Nap zeng fülemben):

Madár-hiteddel hirdesd hát kegyelmem;

Szent Ferenc csukjad be a Bibliádat.

Eltékozoltam rengeteg szerelmet,

segítsd meg sorsom illatos imáddal…

Messze a kezem még a virágtól?

Fut, fut az álom, kergeti szél…

Messzire szálldos még a madár most,

örömöt trillázni ám visszatér.

Itt van, s már ébred, ha Téged remélhet,

járjad át titkos zegzugait,

ismerlek régről,

TE is tudsz RÓLAM,

Gyógyulás kertje,

rejts forrásodba…

A VÉR: ARANYALMA

A fényes Édenből

az anyák álmodják,

a vér: aranyalma -

s testükbe fogadják…

Gyémánt a magja és

selyem édes húsa,

kiáltás ébreszti

eleven valóra.

Az ősök léptétől

népek ismerszenek,

bölcs ösvényeiken

apák nevelődnek.

Isten-kegy minden nép!

S fenn ragyog fejükön

a Kozmosz-korona!

Országalma a vér -

s a nők tudnak róla

KARÁCSONYVÁRÓ

Szabolcsnak

Mi van írva a fákra?

- levelek tízmiriádja

s szólaltalan suttognak…

Isten kegyajándéka:

Karácsony virradt hite.

S hogy látni elmúlást is?

- feltűnni Húsvét hajnalát

s gyúlni Pünkösdnek égalját?

Virrasztunk. Alszunk. Várunk.

Szelet vetett a szív-sötét –
az értelem új szavakat:
Gyermekem, gyomláld lelkedet!
Megyek. Jövök. Magadmagam.

ADVENTTŐL HALÁLIG

Naponta meggyötörsz,
naponta bántalak,
nővérem lehetnél
s lettél fiam anyja.
Beérhetetlen! –
ábrándot kergetek.
Összepárosított
évek és milliók!

Sarkig tártam az ajtót,

neked be-, nekem kimenet!

Aztán az ajtót is cseréled:

purgációs interferencia.

Időre távol maradok,

aztán újra indulok –

testhatárotok legátol.

Izzó idegrendszerem

csillag-messze világít,

a karácsonyi angyalúton

gyalogfutárként rovom

a múlandót,

hó-nyomot hagyok,

emberhiányos magányom

éhhalál küszöbén

tavalyelőttől tavalyig,

tavalytól,adventen át

a jövő biztos termőtalajáig

SZÜLETÉS-HALÁL KERESZTJÉN

szüleim és Cseh Tamás emlékére
Szent Mónika éjjelén, évfordulók

Árvácskák, nefelejcsek.
Szirmok és csillagok –
feneketlen tó színére
hulljatok, hulljatok,
álmokból holdat ragyogjatok.

Irodalmi „limlomok": dalok.
Porosodni ítélt korosodó gitártok.
Mézesen néma szájsarok.

Felravataloztatott!
Ezer irányba szalad a vonatod.

Csöndemben fény csipog.
Fiastyúk! Langy csibedallamok.

És nő az éjszaka tovább,
egy-sötétben álmodik már
édesanyám, édesapám és Cseh Tamás

- ha ez a világ világossága-világ
s nem csupán az élők összefonódása,
s a valódi Ott van, -
az Ismeretlen határain túl.

Mindennapi lét: tej,szalámi, kenyér.
És Bor! Aranytetsző hordónyi borok, -
s hány új hang, alkalom,torok.
Pótolhatatlanságok miatt írok.

Az éjszaka, az éjszaka.
Vedernyi forró kávék
kávéházának filmsorozata:
Onedin családok és Dallas-ok
- megszakadt. Most abbamaradt.

Hajnal felé hív
a legszebb magyar Mona Lisa:
a Márianosztra-i Kegykép-Mária.

Üdvözlégy, Cseh Tamás,
mennybéli dalnok,
beköszönt a csend –
a sosem hallható eleven szerzemény.
Mert – (pont). A többi? Amorf lelki alakzatok.

HÚSVÉT TERMÉSZETÉLMÉNYE

Esők jöttek, esők mentek, s az üvegtáblákon
csordogált alá az árva sírás –
sejtjeim mágneses mezejében
ég felé vették a virágok útjukat –
és hullott alá a madárének,
fűszálokon, zsondult ágakon fennakadt,
tavaszi gerjedelmeket delejezve a tájra.
A virágok léleksúlya szépre jót mér –
s a távoli tenger zúgása
csillaghalkulatként engem is elér.
Miféle év jövend! – toposzos reménységek

művészi elhívása? - katonák csatazaja?

Miféle mester játszik a szunnyadó őserővel,

hogy újraszólítsa bokros orgonák

halottnak hitt erezetét, s megzendítse

hullámok őszi zajongását hitelesen

az ujjakpörgeség egyetemes hangzattanában.

Giccs helyett ereszteni szivárványt,

madárfészkek csivites otthonának fület...

Kagylókürtök búgnak, a vér gyógyerősségében

világrészek éhes látomása --- Az évszakban

magam vagyok. Tétlen. Szánnivaló vétkem:

szemem Nap-nőket pillant a rejtettből

lomb-, és szívforradalomba –

e szimultán ütemegyüttesbe.

Vágy-férfiként, körbesétálom

a gyermekláncfű-koszorús parkot,

ölelkező párok az ösvényen,

a fák dodonai suttogása vallomásokat

sodor a duskatag nyár felé. Fiam van.

Húsvét! A nincs és a van közé,

mint tilalomfa, kiül az: Én.

Elődeim közül mindenki halott.

Feltámadás Után/Előtt vagyok.

A MEGVÁLTÁS ELŐESTÉJÉN...

Mária, szenttűz,

liliomzápor,

József Isten-

csiholója...

Öledbe enyésznek

ősök és temetők;

a magos egekből

hitek harmatoznak…

Sejtjük mi igen jól,

kimeríthetetlen vagy;

tenlelked

tentested

igaz hitű

kútja:

vized etet

búzád itat

szivárvány-ágyadból

angyalok szálldosnak

madárposta híreli

a Napról társalognak:

„a Tejútnak lesz bizony

nagyon hamarost

csillag-szuszogású

bársony kisbáránya."

S gyűlnek azonmód

meddők és asszonyok;

holtak és hősök

- folytatni az álmot…

Én magam hiányzok…

(Törődöm, száradok):

Mért ver engem átok!

Nem ér kegyelem;

kenyér és szerelem

- vak, fekete tulkot!

PAUL CELÁN: HALÁLCSÖND-idő

Ember fölé növő hegymagaslatok

Csönd és szelídség

ritkás napfelkelték

nesztelen szemek tekintenek.

Az el nem sírt könnyek

Mint megfáradt tevék. Koponya-belül:

jégcsapok.

Éjbe csuszamló hajnalok

HALÁLCSÖND IDŐ II.

A küldetések alászállnak.
Fagyba dermed minden utam.
Hol az egyetlen élhető vers –
keresztjére hogy ráfeszítsem magam!

Milyen évszakrend, üdvös víz
csurog alá anyám élő hitéig –
apám oktalan hallgatását
meddig bírom e kietlen éjben?

Évtelen-naptalan kimért időmben
ki fájdulna szebben-jobban –
lélekharang ha kondul az észben
s minden órám fiatlan?

Tán Napkeletkor égre nézek
s búzamezőn lágy-fekvőben
enyhe szélben Isten szalad.
Rólunk mesél.
Néked:
Fiam!

MÁRIANOSZTRA(-MARIAZELL)

2005. pünkösdje

I.

Könnyeimet szórom a földre,
bukszusba szökken, ott hagyom,
kizöldell szenvedésnek,
bogyók lángsugára – versek maradása,
nyomdokvonalon.

II.

Túlsózom otthonom.

Látomások látnak

lázasan valótlant,

ördög-billentyűkön

Isten elfojtó dallama,

torlasztó világakarásban,

zokogás tengelyében

állok: tenmagam –

soktonnás idő-szorításban.

III.

Nem gondol rám talán

senki oly mélyen és tisztán,

mint korán-későn

elveszített Édesanyám

- fekete szívvel létezem.

IV.

Elővillanni látom

a történelmi arcok

tükörreflex-bánatát,

a vonásaim mögé rejtett

Igazság

derengő nevetését,

szemhéjak mögül a Fény

reszkető-halk téboly-szárnyalását

- fekete szívvel lélekzem.

V.

Beleámulok a hiányba.

Erőteljes érzés árapálya

koporsó-deszkákat

dobál a Hold alá,

amulettek a sárga csontok,

csillag-sodronyingben
fekete szív dobog,
fekete árny oson,
fekete rétre
fekete zápor zuhog –
fehér templomlépcsőn
hajnali-sáros lábnyomok.

VI.

Kő-kenyeret szaporító
tegnapok alatt
kardvirág-kazlak,
vérbogáncs-korona,
kardvirág-könnyek! –
átvérző kötésen
ostor-ige,
átnyirkolt homlokon

Holló-paripa –

lángot kapott Erdőn

túl – szűzmadár!

Magánya röpte

tétova Himnusz,

hó alá siető

emlékvad: tüskedisznó!

VII

Hó alatt csírázó

magonc-árny-alak

koponya

barackvicsora!

ESZTERGOMI EGYEDÜL

Eltűnik a nap, sötét van,
add vissza, Isten, az eget,
szárnyai nőttek a fáknak,
értő kezek nélkül szenvedek.
Adj erőt imára! A magam
malmára hajtsd hitem,
szeretném, ha bízva látnád
meggyötört,szelíd szívem.
Egyedül lesz konok az ember.
Dacát növeszti, s könnyen jönnek
rémes szállásukról a szellemek.
Szívesen hinném: a szavak cselekszenek.
Arcok felé nyisd ki tenyerem,
legyen kérő, gyöngéd, segítő,

többet tegyen értem s értetek.
Közösséggel vesd meg a helyem.

Otthontalan hogy' él a lányem,
azt már tudom. És szánalom
erősödik sorsom miatt, ha hagyom,
hogy mindenkorra így legyen.
Nyisd fel a mélyem, szeretni
szeretnék szerelemben, s nincs
ki bűnöm alól erőm szabadítaná?
Marad az ismeretlen, az átokföldje
a kapcsolatok helyén a hirtelen homály?

Vess számot életemmel, ne véljem
az óvatos halált. Ha nem segít az Isten,
mert nincs a létezésben, teremts hittel

inkább közösséget, felettesd a hiányt.
Lapul, lapul, mint mohó hiéna,
előre érzi rothadó húsom szagát.
Győzz meg sorserővel, vagy vess ki
feleslegességre. Szavakkal száműzz,
a szavak élnek, hiába ellened,
a szavak élnek, megölik bennünk a hiányt.
Benned megölik, másban kitárják,
s te ne téblábolj, de tedd meg a
közösséget, s kapni fogsz, ha kívánsz
nagy csendet vagy hangzavart a
lehetőségre.
A teremtés teremtett, így mindened
megvan, és övé vagy örökre,légy övé,
csak ne félj, s ne hidd, hasznod lehet
rajta magadban,hisz nem önmagad vagy.

Most döbbensz jelenre, és most remegsz,
újra felismerted a régi unt tudást:
a másik ember formál, tőle hatalom
a tett, de ragadd meg fegyvered. Fejed

az égbe nőtt, tested az eszközöd,
ne légy ellenedre. Testeddel az égbe nőd
a felhőkig emeld a másikat. Kell a jóság!

Még ha egy falat, de ha szívből adod,
az is jóllakat, megjobbít, felfakaszt.
Sok akasztott akaratlan után: a malaszt.

ISTENKERESÉSBEN

Átrezeg a csöndön a hárs.

Szólaltat: Ostyafelmutatás.

Angyali őrzők szárnya alatt

tenger. Szembeszelek huzatában

kiönt az álmok Nílusa.

Homérosz, a vak, eposzán

végigiramlanak a verslábak.

Gyalogjárók leleménye szerint

a templomtorony felé biccentek

megint, hol áldoznak erényből,

bűntől óvó jóakaratból---

Befelé fordulok, alvásom

ájtatossága kegyet termő jutalom.

A reggel sziréneinek sikolya

starthoz állít, itt az óra.

Versre áll s fél kiló cipóra.

Coppola Magánbeszélgetései

átfordulnak monológba,

a hárs rezeg, anyám holt.

Hagyott itt magáról képeket,

s ha róla álmodok, kisfiú vagyok,

ki indul ministrálni, de az oltár

csak otthoni asztal, 5oo forintért elkelt

s hagyott itt kirabolt házat, tegnapot.

Ólmot a fülbe, viasz a szemre,

engem a házasság bebalzsamozott,

s vagyok a lég mauzóleumában.

Bőröm alatt hordok 20 egész 12-ed századot---

Rezeg a hárs: Ostyafelmutatás!

Valahol a világ titkos szegletén

valaki most mondja ki az Ámen-t.

Mogorva moirák megnyesik a morált.

S Halak vetik fel magukat

a festett üvegablakok féldelejében.

Leírom a szót: Isten! És nem történik semmi.

Leírom még egyszer. Isten! Gyónnék, áldoznék.

Bűnnel teli minden. Isten, teremj magadból!

Jézusisten! Megint karácsony közeleg.

„Égi magasok, harmatozzatok”!

Hisz’ én már az első hópehelyre is sírva fakadok.

CSILLAG-FORDULÓ

Atyám, égi honom hatalmas szálláscsinálója,

add, hogy méltó legyek, legalább önmagamhoz.

Rokonaim, szeretteim leghitványabbjaként,

mélyen tudjak még valós világodból

lélegzetet venni, boldogságot adni,

létezést csobogni, időm hömpölygetni,

arcaimat megtartani -, s nem feledni.

Mert míg természetes volt a szeretet,

mert míg nem ismertem halált,

s nem tudtam: a múlandó örökebb

annál, hogy lehetek, s a semmi látszatából nem volnék több,

sem kevesebb, mint mire elrendeltél,

s viselnem, cselekednem illenék

őseim szorgos tenniakarását, imanyilvánítását -,

s mint törni szánt műremek, zúzódnom kell,

s felsajduló emlékekben egyszer, nagyon-egyszer! –

mesétlenül, a történet szabályai szerint,

kezdés-bonyodalom-befejezés után,

csillaglendülettel, de visszaadom Neked

risszen-rosszan viselt-vasalt Lelkem,

a magam álszabadság-egyszeregy-jét !

- vajh, méltó lesz-e a mérlegvonásra?

Belepréselődhetek-e tisztán a sorsmentés

nagy Ismeretlenjébe! Áment fogsz-e mondani
Rám?

FIAMNAK

Sok terved legyen, mint fának levelei,

súgjanak, érintkezzenek össze,

rejtsék az érlelődő gyümölcsöt,

legyen az alma, körte, szilva, barack.

Gondolj a télre, mikor hiányaid lesznek,

a nyári élményeket felváltja a tanulás,

hogy légy érettebb, tudóbb személyiség,

ki megállja sorsa viharait.

Szeresd a félthetőt, itt a Földön

minden átmenet, és mindig elöregszik,

s majd az előtted haladók sorra kihunynak.

Lesz néhány erősítő barát talán,

akad majd néhány lány is, kik vonzalmat keltenek,

légy jó és figyelmes hozzájuk, s majd

válassz közülük egyet, ha eljön ideje,

gyakorold gyakran a szerelmet, de ne játssz,

az emberi játszmák általában vesztedre lesznek,

apád is,anyád is ember, nem védhet meg mindig.

Légy magadhoz okos, használd jóra a tudást,

ne tékozolj, fölöslegeiddel bánj belátón.

Fűszer légy az életben, hogy szíves vendég lehess,

és folytathassad sokáig tovább

a kapott megérdemeltet. Legyen utódod,
s akkor majd megszenvedett sérelmeidet
bocsájtsd meg mindenkinek, s javíts,
hogy értelme legyen férfiúi létezésednek,
s megálld helyed Isten tekintetében. Ámen.

CSAK EGY LÉPÉS A BÉKE

Álmodjad vissza arcod a forrásba,
én várlak mélyén, kezemben rózsával.
haragból raktál félelmes bástyákat,
s vívod ellenem értetlen csatádat.

Vegyed ki tehát kezemből rózsádat.
Fakadj forrásból újfent napvilágra.
Roskadnak rögtön bástyáid romokká,
s harmat-szép víveddel felém indulj már!

ANGYAL DUMA?

Tenger zúgásából érted-e nyelvüket

semmi-azúr hullámok rendezik ajkuk

kagyló gondolatok közé hull le szavuk

s hogy bölcsek ügye Térdepelj csak a partra!

Időtlenül hosszúk az angyali léptek

Bírnád-e mondani: golgotahíd!

KEZEDBEN A SORSOM

Igen! Könnyebb egy hegyet

száz szekérrel odébb rakni,

mint az átkot vállainkról

mélybe dobni.

A szirmok tán mondanák,

hogy ujjaink közé fagyhat

a szivárvány!

Már-már azt sem vesszük észre

- nyár van, tavasz vagy tél-e?

Lábunk alatt kopik a Föld,

s kifakul a fűből a zöld;

tengerledik a sárga –

az avar tapad a sárba.

És nem jön közelebb a Nap,

igaz, hogy távolabb sem az

Ég került, csak a lélek

merült alá a titkok

szél-hárfázta Öreg-tavába.

ANGYALSÓLYOM-VÁGTA

I.

Nyergeld a Pegazust,

csillagmezőn vágtass,

reppenj, mint a múlt!

- egykori vitézek
- egykori költők

vadonjában vágtass,

űrszél járja lelked

elragadtatásba.

II.

Napisten, holdsugár,

felhő-por ösvényén

szemközt-akaratban,

vágy-gravitációval,

szárnyas szélköpenyben

vágtass át a halál

lidérc-birodalmán,

lovad kantárjával –

egyenest a fénybe!

III.

Isten hitében,

csodák örökében

megszentesült gyertya

Pazar örömében

megtorpanok.

Isten örökében,

vádak ürömében,

elfújt gyertya lángja -

ima üdvkörében

felsajdulok.

IV.

Gerincem felizzítom kardnak,

bordáim közt forrósul a szív.

Életvágyban vagyok.

Magamat beismerem

és felmutatom arcom:

leszegzett alkony.

AZ ÉGI MÉNES ALÁSZÁLL

Égi ménes ereszkedik

a hegytetőn a városokra;

nyihogásuk felveri az utcacsendeket

- az alvók arcán eső permetez.

Garabonciás-gúnyáikat szélnek

eresztik a fák,a hamuezüst paták

leverik a madáréneket. Ősi, titkos
rekesz lehet ez a tél, porló kő
az áhítat, ahogy a néma hívőt
imára, igazhallásra tanítja.
Belülről rothad az avar, s az álló
cipőtalp harangzúgástól spiccvasalt.
Magába néz a templomtorony,s a horgony
kalózhajót ringat a felhőn, s a kapitány
mormonul tanul. A lovak egyre lovabbak,
smíg az oltár eléjük kerül – gyönyörű
karám -, ők bentrétjükön száguldoznak,
hogy majd pipacsszoknyák alatt heverten
aludjanak,álmodjanak: Földi ménesek!

AMIKOR

„MI: - az TE vagyunk!"

Amikor az atyai szellem

elhagyja a fiúi lelket,

zavaros szemekbe nézel,

lehet,hogy két flaska must.

Amikor az anyai ágyékot

felemeli a Nap,

kezedben pacsirta a nő.

Ha már egekbe is szálltál, poklokra is hullattál

s látod a fákon – tartóoszlopok;

s mikor már szivárvány a fehér kendő,

ölelés, s máris magzatburok,

- mi sejtenként építi fel az álmodást -,

majd feltépsz újra ezer sebet sírva

és akkor mozdulsz, ha állsz –

már tudhatod,

életté forrta ki magát a gyónás…

A vers –

Ostyafelmutatás!

Lakodalmi Tánc!

ISTEN CSENDJE

A rózsa: Isten beszéde.

Szirmai: puha szótagok.

Virág-fején varázs csendül…

s pille is száll –

hallgatok!

FÉLÁLOM-MISE

Kibontott

hajadnak csengőszavára

térdre esnek a szarvasok

az ordas Hold is szelídül

Járom álombéli tájam.

FOHÁSZ

Világegyetem Ura, szólni készülök,

bár fogságban a hangom -,

mozdulni igyekszem, és megrekedek -,

jelképekben szeretnék -,

s mégsem nyilvánulok.

Tégy engem hát munkád eszközévé -,
legyek Békéd hűséges tárgya -,
szorgos szolgatársad.
Hűdő ereim,satnya képzeletem
cselekedje többé-jobbá-hasznossá,
mit a Lélek rendeltetett
a Világ árnykörei és az emberteremtés
szűkösen keskeny, de elégségesen hibátlan,
testre méretezett mesgyehatárán -,
ügyeljek rendre-rangra-tekintélyre -,
tiszteljem összes neveidet és címeid -,
parányítsam, elegyítsem s visszavonzzam
elvetett súlykjaim -,
Világegyetem Ura! –
hadd legyek műremekre kész
sírig fáradt céhlegény -,

ki nem hiába emészti

az Atyamester házának kenyerét.

MERT A TENGER…

Mert a tenger ugyanolyan,

amilyen a gyógyulás –

ott erősít, hol gyönge vagy,

mély hitű imádkozás.

És ha a víz partra kivet

aranyhalként egy nagy álmot,

ne dobd vissza,mert segíthet

önmagadra találnod!

ANGYALDAL

Kicsi fiam, megtermettél,
szívből testté elegyedtél.
Édesanyád gyöngye lettél,
kicsi fiam, sziklám, szirtem.

Cipelem a vállamra vett
eltékozolt édent – emlék -,
hiszed-e, hogy a kő nehéz,
földhöz lapít az Ég súlya.

Azt vallom az Isten felé:
mennyi eltékozolt reggel!
Messzi hegyeken túl, folyón
érted himbált meg a ladik.

Arcomon az eső cseppje,
életvízzé kigörgedett.
Bánatom fűzlevelei
élesen szívembe döfnek.

A Holdlidérc megragadja,
emeli a lelkem súlyát,
könnyek harmatozó sóját
szertehinti kavicsokká.

PSYCHÉ

Éber utcákon bolyongó álmok
arcunkba fürödni visszatérnek.
Fűzfák szökdösnek ájult szobákból –
falakon túlról ismerszik Isten.

HIT, VESZÉLYEK KÖZEPETTE

Tátong a mély,
átjár a nagy szakadék szédülete,
s én ezen a pillesúlyon röptömben élem
a világ kavalkádját,
a távlattalan űrhöz képest
parány-magam álmait kergetem,
reménye nélkül –
                    hogy hangom
gyóntatót talál –
                    s kórusi ének felzengve
egybeterelné az univerzum
Te Deum-ját

ANGYALSZÁRNY

zuhan a szempillám
felhőkön fennakad
ráhajlok nyakadra
álmodban felderülsz

bezárul szempillám
utolszor: nyakadra
felhőkön kimaradsz
álmomból elrepülsz

KERESZTELÉS

Derékig van Keresztelő János,
emeli szellemben a Világost.
Sötétség borítaná a lelket el;
kenyérnapokat szeg meg a éter.

Hogy éjjel felkavarja a csöndet,
úgy visel gondokat a világra?
Gyertya csurran bocsánatos könnyben,
majd kibontja testszívedben virágod.

KEGYELMI VÍZ

Sírnak a fák, a templomok,
hogy Isten egyszer elhagyott.
Fekete kalapot emelnek rám –
Jobb napot!
S úgy görgetik vállamra az Eget,
mint Ádám csontjaira a hegyet.
És az én arcom évszázados avar –
bőröm fehérsége takar;
és sötétlő lelkem korhadt ág…

- fagy hasogat.

Bár felmelegítenélek –

Sohalánghervadásban........

a rideg jeget!

A PILLANAT

Mennybe álmodott Krisztus!

- lefedi a fagy a nyájat.

A Pásztor barlangba mutat,

hol martalócok nyelik a vádat!

MEGTÉRÉS-KORBAN

A kiszellőztetett templomokban
lovat áldoznak
merthogy a Nap

ragyoghat
megcsillan a késhegyen
mikor belecsusszan a szügybe
mert ő odadöfte

A kiszellőztetett templomokban
halmokban áll a gyónás
A takarítónő és kutyája
- szájukban marék parázzsal
a városban szertehordják

A kiszellőztetett templomokban
nem férnek el a szentek
ők völgyekben énekelnek
s egy üszkös krizantém
az oltáron
egyszer csak általuk
kivirágzott

A kiszellőztetett templomokban
nászra kelhetsz a félelemmel
csatazaj légnyomás hallik az erekben
levelet írsz Istennek
de kirablod a perselyt

csakhogy a reményt
ne portósan add fel

A kiszellőztetett templomokban
festett ablak a malaszt
zsendicében úsznak a Halak
nem a keresztelőmedencében
pedig ott állok
és hallgatlak
övemig réztallérban

A kiszellőztetett templomokban
rádióadás a mise
hangolod az antennákat
de a legtöbb készülék
süket

A kiszellőztetett templomokban
békerendben élnek a holtak
s ahogy egymással kezet fognak
hóba hűdik az ősz

A kiszellőztetett templomokban
kegy terem

s nem szénnel fűtenek
fénnyel
s a Fény nyel
hívőt és áldozót
A templomok felépültek immár
s dolgozik tornyaikon
az Alpinista Brigád

EGY HÁZ/-történet

Fárasztod a tengert,fiam,

álmosítod a kelő Holdat,

fricskázod az Istent talán? –

s ámulnád tenmagad: elmúlanál?

Önmagadból írod a tengert;

a ballada Hold ringó gálya,

s a vízhabok: Isten sirháma!

- érdemtelen magányod morál.

Vetkőzz le holnapjaimra,

úszsz jelent tünde szerelembe,

tekints, Istenem, lelenchegyedre

sóhajts igazabbul. Kicsim, remekebbül.

ÁLOMRIANÁS - IMÁTLANSÁG

Az éjfél felriaszt,

mint nyugtalan rab

keresgélek iratokat,

hogy majd holnapután

szépnek vélt verset remélve

billentyűzzem gépbe

mit ma éjjel előtalálok.

Fáradok, figyelmem kihagy,

aludni nem támad kedvem,

s azon töprenkedek éppen,

hogyan fogom a virrasztást

álmodó reggelre cserélni.

Magyarázatot fogok-e lelni

mi a mai embereszményképem,

de csak készülődöm rá,

s a mögöttes jelenlétet élem?

Végtagjaim bogtalanok,

s milyen nehéz a csönd súlya ---

Isten magányos! – s én

maradtam hű famulusa:

álmatlan. Tessék rendet tenni,

ám fáradt az akarat,

és nem bír engedelmeskedni.

Hideg az űri szél,

a szobába is behúz,

csontjaimig megdideregtet,

s elmarad a remélt remény,

valami értelmeset-érzelmeset

a papírra kitenni.

Így leszek közösség-,

és egyéntagadó,

egyedül enyém az este,

alusznak a bútorok is,

magukba fordulva állnak,

s hanyatt hanyatlanék,

testemre véve a sötétet,

hogy meleg álomba merülve

merjem és mérjem a holnapi tervet.

ELMARADT DAL

Szentjeiddel ügyelj rendet.
Angyal tartsa a falat.
Belakható vers-lakásban
könyvekből építsd magad.

Tárva-nyitva már a mennybolt,
álmodj tiszta éveket, -
ne számodra, csak kit szeretsz,
s áldja meg az Istened.

ÁG ÉS GYÜMÖLCS

Kintről az álmot
bolondnak látod

Bentről a tetted

miért is tetted?

Bented és kinted

ez minden kincsed

hunyd le a pillád

álmodban villám:

s lőn világosság

Hol van a Minden

határa nincsen

mit gondol(t) Isten

teremjen az ág

álmodban álom

azt kiabálod

itt van a bánat

már kitaláltad

múlton és ágyon

túl a magányon

voltam már minden:

ember és Isten

halálom nincsen

alszom a kincsen

Túl a világon

túl a zenén is

meglelem én is

táncomat járom

már befogadtam

nem bitoroltam

ajtót nyitottam

túl a tudáson

síromat ásom

meglelem Istent

belép a szívbe

és teremt megint

II.

Bentről az álmot

fényesnek látod

Kintről a tetted

nem rosszul tetted

lenni szeretünk

azért születtünk

ettünk szerettünk

lenni lehettünk

mert gyümölcsöt ér-

lelt nekünk az ág

SZOBORHEGY

Ha már kinézted a hegyet,

drágakövekkel bánya,

s eszközhatározója, tárgya:

vésője-kalapácsa

lettél a megismerésnek,

formázd az alakot,

lehelj rá márvány homlokára,

hogy kiszikrázzék látása,

s hódítson teret másnak is

a jövőből a mában:

holtnak hitt igazsága.

ÉLETÖRÖM

A szemek, a szemek, mindig a szemek –

rózsafüzérből, arcvonásból,

a szemek szívből-veséből előtekintenek.

Sejtjeink vallanak, nézz reám, nézzed csak –

az Isten engem így teremtett,

így szervezett, így éltet meg,

leplezetlen tegyek hitet:

ezt gondolom, ezt érezem –

örömökből-bánatokból egyberendezett.

Mutatom magam – Neked! Érdemes

jósággal lenned – az irány adott:
ég és föld szeles horizontján
dicsérem-üdvözlöm az áldott Napot.
Húsvét reggele van. Krisztus feltámadott!

DALOCSKA

Felcsillan a fény
fú a szél
Ezüst hold ragyog
szép lettél
Fűszálon a gyöngy
óhajcsepp
Tüzes a szívem
Tiéd lett!

SZELLŐK A FŰZFÁK FELŐL

(Blackmoore-parafrázis)

Egy kora-tavaszi reggel, a séta
utamba sodort néhány utazót,
épp, mikor kitaposott ösvényre léptem.
Az első vándor élemedett, bölcs ember
volt, másikuk egy szűzen szép leány,
a harmadik pelyhedző fiatal fiú,
ki mosolya alatt csak annyit szólt:
Van kenyerünk, halunk, gyöngy vörösborunk,
hogy megosszuk Véled s az emberi fajjal,
lényeink legbelsőbb találkozásából.

Kérdeztem nevüket, honnan is jöttek,
sosem felejthető készség volt modoruk.
Átváltoztak, s egyszerű nevüket szólták.

- Ülj mellénk bátran, töltünk borunkból ! –
s én letelepedtem a virágos réten,
étküket fogyasztván köpönyegükön.
Ők prófétálni kezdtek, jósbeszédük
egy Királyt emlegetett, ki tud mindenről…
_ Mi átutaztunk Glaston-tól, a zöld vadon
Angliába, ismervén az emberek bú-baját,
tudván mekkora fájdalom az embermagány.

Úton vagyunk, csatangolunk széles e világott,
szántásokon át, hajón tengerrengés felett…
Add tovább mindenkinek, hogy tudhatsz,
s lehettek szabadok, - ha majd elválunk
Tőled.

Szomorúság csüggött le rám,
mert mondták: Nem leszünk Veled, nem

láthatjuk többet egymást. Az egyik öreg volt,

a másikuk Szűzen szép leány, a harmadik

egy kedves fiú, ki mosolyogva mondta:

A fűzfákból fakadt szellők hoztak

Síved a borunktól melegszik át,

könny, ha éri szemed, ne szégyelljed,

a Nagy Király vigaszt is ád, meglásd!

Utunk a végtelent célozza, vár a part,

hol vitorlásunk óceánja vágtat tova,

emlékül hagyva Neked az alkony bíborát...

Gondolj ránk s a fűzfákból üzenő Nagy Királyra...

A fűzfák gallya a levelek zászlaja – üzeni mindig:
Szeress!

SZIVÁRVÁNY: KETTŐS KAPU

A/

Elősereglenek sós hullámok emlékei,

a Fellegek Ura engem sodor partra,

erényért szolgáljak

- múlandón múlhatatlan

a Rózsák hercegének

Karoddal vezess Jézusunk elé

a szelíd halhatatlanságba – s:

Vigyázz! – kivirágzik az éjjel , –

míg Ő tüskékből hajnall,

árulók dobálták sárral:

Sötét Sereg!

B/

Hiszed-e a vér fájdalmát, iszamos,

de csókokkal mulasztható (volna).

Csóktalan!

Föltolul mosolyod,

édes almavirágzás a kert, -

szirmos kékszakállba fogózz;

ébredezz önvaló-vajúdásra

- galambszárny teszi könnyűvé

szivárványterhed, -

szellőként fekszik az égre,

idevéresült Krisztusunká.

Beállna vonatunk

- fehér kendő, zöld ág -,

a Golgotáig közlekedik,

tán még tovább.

Szállj fel rá,

telepedj mellém,

arcunk rögzül a tájon

átsuhan,

- az ablakon jégvirágon

nevelt magány Szabolcs betűje:

bárkához rendelt sóhajommá.

Hány éves a kapitány?

ÁLDOTT REMÉNY KIADÓ, 2016.

Kolibri 360 GmbH
Ferdinand-Jühlke-Straße 7
99095 Erfurt, Deutschland
produktsicherheit@kolibri360.de

Druck:
CPI Druckdienstleistungen GmbH
im Auftrag der
Kolibri 360 GmbH
Ferdinand-Jühlke-Str. 7
99095 Erfurt